I0468706

Livre de caisse

Registre Légal de France

ISBN-13 : 978-1530291854

ISBN-10 : 1530291852

Société : ....

N° Siret : ....

Adresse : ....

....

....

Livre de caisse en Euros (€) **Période : ....**

	Date	Référence de la pièce	Libellé	Imputation	Recettes		Dépenses		TVA	
1										
2										
3										
4										
5										
6										
7										
8										
9										
10										
11										
12										
13										
14										
15										
16										
17										
18										
19										
20										
21										
22										
23										
24										
25										
26										
27										
28										
29										
30										
31										
32										
				Totaux						

Répartition des recettes par taux de TVA	..........%	..........%	..........%

Solde précédent	**Recettes**	**Dépenses**	**Nouveau solde**

Fonds de Caisse	
Espèces	
Chèques	
Cartes	

	Date	Référence de la pièce	Libellé	Imputation	Recettes		Dépenses		TVA	
1										
2										
3										
4										
5										
6										
7										
8										
9										
10										
11										
12										
13										
14										
15										
16										
17										
18										
19										
20										
21										
22										
23										
24										
25										
26										
27										
28										
29										
30										
31										
32										
				Totaux						

Répartition des recettes par taux de TVA	..........%	..........%	..........%

Solde précédent	**Recettes**	**Dépenses**	**Nouveau solde**

Fonds de Caisse	
Espèces	
Chèques	
Cartes	

Livre de caisse en Euros (€) **Période : ....**

	Date	Référence de la pièce	Libellé	Imputation	Recettes		Dépenses		TVA	
1										
2										
3										
4										
5										
6										
7										
8										
9										
10										
11										
12										
13										
14										
15										
16										
17										
18										
19										
20										
21										
22										
23										
24										
25										
26										
27										
28										
29										
30										
31										
32										
				Totaux						

Répartition des recettes par taux de TVA	..........%	..........%	..........%

Solde précédent	Recettes	Dépenses	Nouveau solde

Fonds de Caisse	
Espèces	
Chèques	
Cartes	

Livre de caisse en Euros (€) **Période : ....**

	Date	Référence de la pièce	Libellé	Imputation	Recettes		Dépenses		TVA	
1										
2										
3										
4										
5										
6										
7										
8										
9										
10										
11										
12										
13										
14										
15										
16										
17										
18										
19										
20										
21										
22										
23										
24										
25										
26										
27										
28										
29										
30										
31										
32										
				Totaux						

Répartition des recettes par taux de TVA	..........%	..........%	..........%

Solde précédent	Recettes	Dépenses	Nouveau solde

Fonds de Caisse	
Espèces	
Chèques	
Cartes	

	Date	Référence de la pièce	Libellé	Imputation	Recettes		Dépenses		TVA	
1										
2										
3										
4										
5										
6										
7										
8										
9										
10										
11										
12										
13										
14										
15										
16										
17										
18										
19										
20										
21										
22										
23										
24										
25										
26										
27										
28										
29										
30										
31										
32										
				Totaux						

Répartition des recettes par taux de TVA	..........%	..........%	..........%

Solde précédent	**Recettes**	**Dépenses**	**Nouveau solde**

Fonds de Caisse	
Espèces	
Chèques	
Cartes	

Livre de caisse en Euros (€) **Période : ....**

	Date	Référence de la pièce	Libellé	Imputation	Recettes		Dépenses		TVA	
1										
2										
3										
4										
5										
6										
7										
8										
9										
10										
11										
12										
13										
14										
15										
16										
17										
18										
19										
20										
21										
22										
23										
24										
25										
26										
27										
28										
29										
30										
31										
32										
				Totaux						

Répartition des recettes par taux de TVA	..........%	..........%	..........%

Solde précédent	**Recettes**	**Dépenses**	**Nouveau solde**

Fonds de Caisse	
Espèces	
Chèques	
Cartes	

Livre de caisse en Euros (€) **Période : ....**

	Date	Référence de la pièce	Libellé	Imputation	Recettes		Dépenses		TVA	
1										
2										
3										
4										
5										
6										
7										
8										
9										
10										
11										
12										
13										
14										
15										
16										
17										
18										
19										
20										
21										
22										
23										
24										
25										
26										
27										
28										
29										
30										
31										
32										
				Totaux						

Répartition des recettes par taux de TVA	..........%	..........%	..........%

Solde précédent	**Recettes**	**Dépenses**	**Nouveau solde**

Fonds de Caisse	
Espèces	
Chèques	
Cartes	

	Date	Référence de la pièce	Libellé	Imputation	Recettes		Dépenses		TVA	
1										
2										
3										
4										
5										
6										
7										
8										
9										
10										
11										
12										
13										
14										
15										
16										
17										
18										
19										
20										
21										
22										
23										
24										
25										
26										
27										
28										
29										
30										
31										
32										
				Totaux						

Répartition des recettes par taux de TVA	..........%	..........%	..........%

Solde précédent	Recettes	Dépenses	Nouveau solde

Fonds de Caisse	
Espèces	
Chèques	
Cartes	

Livre de caisse en Euros (€) Période : ....

	Date	Référence de la pièce	Libellé	Imputation	Recettes		Dépenses		TVA	
1										
2										
3										
4										
5										
6										
7										
8										
9										
10										
11										
12										
13										
14										
15										
16										
17										
18										
19										
20										
21										
22										
23										
24										
25										
26										
27										
28										
29										
30										
31										
32										
				Totaux						

Répartition des recettes par taux de TVA	..........%	..........%	..........%

Fonds de Caisse	
Espèces	
Chèques	
Cartes	

Solde précédent	Recettes	Dépenses	Nouveau solde

Livre de caisse en Euros (€) **Période : ....**

	Date	Référence de la pièce	Libellé	Imputation	Recettes		Dépenses		TVA	
1										
2										
3										
4										
5										
6										
7										
8										
9										
10										
11										
12										
13										
14										
15										
16										
17										
18										
19										
20										
21										
22										
23										
24										
25										
26										
27										
28										
29										
30										
31										
32										
				Totaux						

Répartition des recettes par taux de TVA	..........%	..........%	..........%

Solde précédent	Recettes	Dépenses	Nouveau solde

Fonds de Caisse	
Espèces	
Chèques	
Cartes	

	Date	Référence de la pièce	Libellé	Imputation	Recettes		Dépenses		TVA	
1										
2										
3										
4										
5										
6										
7										
8										
9										
10										
11										
12										
13										
14										
15										
16										
17										
18										
19										
20										
21										
22										
23										
24										
25										
26										
27										
28										
29										
30										
31										
32										
				Totaux						

Répartition des recettes par taux de TVA	..........%	..........%	..........%

Solde précédent	Recettes	Dépenses	Nouveau solde

Fonds de Caisse	
Espèces	
Chèques	
Cartes	

Livre de caisse en Euros (€) Période : ....

	Date	Référence de la pièce	Libellé	Imputation	Recettes		Dépenses		TVA	
1										
2										
3										
4										
5										
6										
7										
8										
9										
10										
11										
12										
13										
14										
15										
16										
17										
18										
19										
20										
21										
22										
23										
24										
25										
26										
27										
28										
29										
30										
31										
32										
				Totaux						

Répartition des recettes par taux de TVA	..........%	..........%	..........%

Solde précédent	Recettes	Dépenses	Nouveau solde

Fonds de Caisse	
Espèces	
Chèques	
Cartes	

Livre de caisse en Euros (€) **Période : ....**

	Date	Référence de la pièce	Libellé	Imputation	Recettes		Dépenses		TVA	
1										
2										
3										
4										
5										
6										
7										
8										
9										
10										
11										
12										
13										
14										
15										
16										
17										
18										
19										
20										
21										
22										
23										
24										
25										
26										
27										
28										
29										
30										
31										
32										
				Totaux						

Répartition des recettes par taux de TVA	..........%	..........%	..........%

Solde précédent	**Recettes**	**Dépenses**	**Nouveau solde**

Fonds de Caisse	
Espèces	
Chèques	
Cartes	

Livre de caisse en Euros (€) **Période : ....**

	Date	Référence de la pièce	Libellé	Imputation	Recettes		Dépenses		TVA	
1										
2										
3										
4										
5										
6										
7										
8										
9										
10										
11										
12										
13										
14										
15										
16										
17										
18										
19										
20										
21										
22										
23										
24										
25										
26										
27										
28										
29										
30										
31										
32										
				Totaux						

Répartition des recettes par taux de TVA	..........%	..........%	..........%

Solde précédent	**Recettes**	**Dépenses**	**Nouveau solde**

Fonds de Caisse	
Espèces	
Chèques	
Cartes	

Livre de caisse en Euros (€) **Période : ....**

	Date	Référence de la pièce	Libellé	Imputation	Recettes		Dépenses		TVA	
1										
2										
3										
4										
5										
6										
7										
8										
9										
10										
11										
12										
13										
14										
15										
16										
17										
18										
19										
20										
21										
22										
23										
24										
25										
26										
27										
28										
29										
30										
31										
32										
				Totaux						

Répartition des recettes par taux de TVA	..........%	..........%	..........%

Solde précédent	**Recettes**	**Dépenses**	**Nouveau solde**

Fonds de Caisse	
Espèces	
Chèques	
Cartes	

Livre de caisse en Euros (€) **Période : ....**

	Date	Référence de la pièce	Libellé	Imputation	Recettes		Dépenses		TVA	
1										
2										
3										
4										
5										
6										
7										
8										
9										
10										
11										
12										
13										
14										
15										
16										
17										
18										
19										
20										
21										
22										
23										
24										
25										
26										
27										
28										
29										
30										
31										
32										
				Totaux						

Répartition des recettes par taux de TVA	..........%	..........%	..........%

Solde précédent	**Recettes**	**Dépenses**	**Nouveau solde**

Fonds de Caisse	
Espèces	
Chèques	
Cartes	

Livre de caisse en Euros (€) **Période : ....**

	Date	Référence de la pièce	Libellé	Imputation	Recettes		Dépenses		TVA	
1										
2										
3										
4										
5										
6										
7										
8										
9										
10										
11										
12										
13										
14										
15										
16										
17										
18										
19										
20										
21										
22										
23										
24										
25										
26										
27										
28										
29										
30										
31										
32										
				Totaux						

Répartition des recettes par taux de TVA	..........%	..........%	..........%

Solde précédent	Recettes	Dépenses	Nouveau solde

Fonds de Caisse	
Espèces	
Chèques	
Cartes	

Livre de caisse en Euros (€) **Période : ....**

	Date	Référence de la pièce	Libellé	Imputation	Recettes		Dépenses		TVA	
1										
2										
3										
4										
5										
6										
7										
8										
9										
10										
11										
12										
13										
14										
15										
16										
17										
18										
19										
20										
21										
22										
23										
24										
25										
26										
27										
28										
29										
30										
31										
32										
				Totaux						

Répartition des recettes par taux de TVA	..........%	..........%	..........%

Solde précédent	Recettes	Dépenses	Nouveau solde

Fonds de Caisse	
Espèces	
Chèques	
Cartes	

Livre de caisse en Euros (€) **Période : ....**

	Date	Référence de la pièce	Libellé	Imputation	Recettes		Dépenses		TVA	
1										
2										
3										
4										
5										
6										
7										
8										
9										
10										
11										
12										
13										
14										
15										
16										
17										
18										
19										
20										
21										
22										
23										
24										
25										
26										
27										
28										
29										
30										
31										
32										
				Totaux						

Répartition des recettes par taux de TVA	..........%	..........%	..........%

Solde précédent	Recettes	Dépenses	Nouveau solde

Fonds de Caisse	
Espèces	
Chèques	
Cartes	

Livre de caisse en Euros (€) **Période : ....**

	Date	Référence de la pièce	Libellé	Imputation	Recettes		Dépenses		TVA	
1										
2										
3										
4										
5										
6										
7										
8										
9										
10										
11										
12										
13										
14										
15										
16										
17										
18										
19										
20										
21										
22										
23										
24										
25										
26										
27										
28										
29										
30										
31										
32										
				Totaux						

Répartition des recettes par taux de TVA	..........%	..........%	..........%

Solde précédent	Recettes	Dépenses	Nouveau solde

Fonds de Caisse	
Espèces	
Chèques	
Cartes	

Livre de caisse en Euros (€) **Période : ....**

	Date	Référence de la pièce	Libellé	Imputation	Recettes		Dépenses		TVA	
1										
2										
3										
4										
5										
6										
7										
8										
9										
10										
11										
12										
13										
14										
15										
16										
17										
18										
19										
20										
21										
22										
23										
24										
25										
26										
27										
28										
29										
30										
31										
32										
				Totaux						

Répartition des recettes par taux de TVA	..........%	..........%	..........%

Solde précédent	Recettes	Dépenses	Nouveau solde

Fonds de Caisse	
Espèces	
Chèques	
Cartes	

Livre de caisse en Euros (€) **Période : ....**

	Date	Référence de la pièce	Libellé	Imputation	Recettes		Dépenses		TVA	
1										
2										
3										
4										
5										
6										
7										
8										
9										
10										
11										
12										
13										
14										
15										
16										
17										
18										
19										
20										
21										
22										
23										
24										
25										
26										
27										
28										
29										
30										
31										
32										
				Totaux						

Répartition des recettes par taux de TVA	..........%	..........%	..........%

Solde précédent	**Recettes**	**Dépenses**	**Nouveau solde**

Fonds de Caisse	
Espèces	
Chèques	
Cartes	

Livre de caisse en Euros (€) **Période : ....**

	Date	Référence de la pièce	Libellé	Imputation	Recettes		Dépenses		TVA	
1										
2										
3										
4										
5										
6										
7										
8										
9										
10										
11										
12										
13										
14										
15										
16										
17										
18										
19										
20										
21										
22										
23										
24										
25										
26										
27										
28										
29										
30										
31										
32										
				Totaux						

Répartition des recettes par taux de TVA	..........%	..........%	..........%

Solde précédent	Recettes	Dépenses	Nouveau solde

Fonds de Caisse	
Espèces	
Chèques	
Cartes	

Livre de caisse en Euros (€) **Période : ....**

	Date	Référence de la pièce	Libellé	Imputation	Recettes		Dépenses		TVA	
1										
2										
3										
4										
5										
6										
7										
8										
9										
10										
11										
12										
13										
14										
15										
16										
17										
18										
19										
20										
21										
22										
23										
24										
25										
26										
27										
28										
29										
30										
31										
32										
				Totaux						

Répartition des recettes par taux de TVA	..........%	..........%	..........%

Solde précédent	Recettes	Dépenses	Nouveau solde

Fonds de Caisse	
Espèces	
Chèques	
Cartes	

	Date	Référence de la pièce	Libellé	Imputation	Recettes		Dépenses		TVA	
1										
2										
3										
4										
5										
6										
7										
8										
9										
10										
11										
12										
13										
14										
15										
16										
17										
18										
19										
20										
21										
22										
23										
24										
25										
26										
27										
28										
29										
30										
31										
32										
				Totaux						

Répartition des recettes par taux de TVA	..........%	..........%	..........%

Solde précédent	**Recettes**	**Dépenses**	**Nouveau solde**

Fonds de Caisse	
Espèces	
Chèques	
Cartes	

Livre de caisse en Euros (€) **Période : ....**

	Date	Référence de la pièce	Libellé	Imputation	Recettes		Dépenses		TVA	
1										
2										
3										
4										
5										
6										
7										
8										
9										
10										
11										
12										
13										
14										
15										
16										
17										
18										
19										
20										
21										
22										
23										
24										
25										
26										
27										
28										
29										
30										
31										
32										
				Totaux						

Répartition des recettes par taux de TVA	..........%	..........%	..........%

Fonds de Caisse	
Espèces	
Chèques	
Cartes	

Solde précédent	Recettes	Dépenses	Nouveau solde

Livre de caisse en Euros (€)

Période : ....

	Date	Référence de la pièce	Libellé	Imputation	Recettes		Dépenses		TVA	
1										
2										
3										
4										
5										
6										
7										
8										
9										
10										
11										
12										
13										
14										
15										
16										
17										
18										
19										
20										
21										
22										
23										
24										
25										
26										
27										
28										
29										
30										
31										
32										
				Totaux						

Répartition des recettes par taux de TVA	..........%	..........%	..........%

Solde précédent	Recettes	Dépenses	Nouveau solde

Fonds de Caisse	
Espèces	
Chèques	
Cartes	

Livre de caisse en Euros (€) **Période : ....**

	Date	Référence de la pièce	Libellé	Imputation	Recettes		Dépenses		TVA	
1										
2										
3										
4										
5										
6										
7										
8										
9										
10										
11										
12										
13										
14										
15										
16										
17										
18										
19										
20										
21										
22										
23										
24										
25										
26										
27										
28										
29										
30										
31										
32										
				Totaux						

Répartition des recettes par taux de TVA	..........%	..........%	..........%

Solde précédent	Recettes	Dépenses	Nouveau solde

Fonds de Caisse	
Espèces	
Chèques	
Cartes	

Livre de caisse en Euros (€) **Période : ....**

	Date	Référence de la pièce	Libellé	Imputation	Recettes		Dépenses		TVA	
1										
2										
3										
4										
5										
6										
7										
8										
9										
10										
11										
12										
13										
14										
15										
16										
17										
18										
19										
20										
21										
22										
23										
24										
25										
26										
27										
28										
29										
30										
31										
32										
				Totaux						

Répartition des recettes par taux de TVA	..........%	..........%	..........%

Solde précédent	**Recettes**	**Dépenses**	**Nouveau solde**

Fonds de Caisse	
Espèces	
Chèques	
Cartes	

	Date	Référence de la pièce	Libellé	Imputation	Recettes		Dépenses		TVA	
1										
2										
3										
4										
5										
6										
7										
8										
9										
10										
11										
12										
13										
14										
15										
16										
17										
18										
19										
20										
21										
22										
23										
24										
25										
26										
27										
28										
29										
30										
31										
32										
				Totaux						

Répartition des recettes par taux de TVA	..........%	..........%	..........%

Solde précédent	Recettes	Dépenses	Nouveau solde

Fonds de Caisse	
Espèces	
Chèques	
Cartes	

Livre de caisse en Euros (€) **Période : ....**

	Date	Référence de la pièce	Libellé	Imputation	Recettes		Dépenses		TVA	
1										
2										
3										
4										
5										
6										
7										
8										
9										
10										
11										
12										
13										
14										
15										
16										
17										
18										
19										
20										
21										
22										
23										
24										
25										
26										
27										
28										
29										
30										
31										
32										
				Totaux						

Répartition des recettes par taux de TVA	..........%	..........%	..........%

Solde précédent	Recettes	Dépenses	Nouveau solde

Fonds de Caisse	
Espèces	
Chèques	
Cartes	

Livre de caisse en Euros (€) **Période : ....**

	Date	Référence de la pièce	Libellé	Imputation	Recettes		Dépenses		TVA	
1										
2										
3										
4										
5										
6										
7										
8										
9										
10										
11										
12										
13										
14										
15										
16										
17										
18										
19										
20										
21										
22										
23										
24										
25										
26										
27										
28										
29										
30										
31										
32										
				Totaux						

Répartition des recettes par taux de TVA	..........%	..........%	..........%

Solde précédent	Recettes	Dépenses	Nouveau solde

Fonds de Caisse	
Espèces	
Chèques	
Cartes	

Livre de caisse en Euros (€) Période : ....

	Date	Référence de la pièce	Libellé	Imputation	Recettes		Dépenses		TVA	
1										
2										
3										
4										
5										
6										
7										
8										
9										
10										
11										
12										
13										
14										
15										
16										
17										
18										
19										
20										
21										
22										
23										
24										
25										
26										
27										
28										
29										
30										
31										
32										
				Totaux						

Répartition des recettes par taux de TVA	..........%	..........%	..........%

Fonds de Caisse	
Espèces	
Chèques	
Cartes	

Solde précédent	Recettes	Dépenses	Nouveau solde

Livre de caisse en Euros (€) **Période : ....**

	Date	Référence de la pièce	Libellé	Imputation	Recettes		Dépenses		TVA	
1										
2										
3										
4										
5										
6										
7										
8										
9										
10										
11										
12										
13										
14										
15										
16										
17										
18										
19										
20										
21										
22										
23										
24										
25										
26										
27										
28										
29										
30										
31										
32										
				Totaux						

Répartition des recettes par taux de TVA	..........%	..........%	..........%

Solde précédent	Recettes	Dépenses	Nouveau solde

Fonds de Caisse	
Espèces	
Chèques	
Cartes	

Livre de caisse en Euros (€) **Période : ....**

	Date	Référence de la pièce	Libellé	Imputation	Recettes		Dépenses		TVA	
1										
2										
3										
4										
5										
6										
7										
8										
9										
10										
11										
12										
13										
14										
15										
16										
17										
18										
19										
20										
21										
22										
23										
24										
25										
26										
27										
28										
29										
30										
31										
32										
				Totaux						

Répartition des recettes par taux de TVA	..........%	..........%	..........%

Solde précédent	Recettes	Dépenses	Nouveau solde

Fonds de Caisse	
Espèces	
Chèques	
Cartes	

Livre de caisse en Euros (€) **Période : ....**

	Date	Référence de la pièce	Libellé	Imputation	Recettes		Dépenses		TVA	
1										
2										
3										
4										
5										
6										
7										
8										
9										
10										
11										
12										
13										
14										
15										
16										
17										
18										
19										
20										
21										
22										
23										
24										
25										
26										
27										
28										
29										
30										
31										
32										
				Totaux						

Répartition des recettes par taux de TVA	..........%	..........%	..........%

Fonds de Caisse	
Espèces	
Chèques	
Cartes	

Solde précédent	Recettes	Dépenses	Nouveau solde

Livre de caisse en Euros (€) **Période : ....**

	Date	Référence de la pièce	Libellé	Imputation	Recettes		Dépenses		TVA	
1										
2										
3										
4										
5										
6										
7										
8										
9										
10										
11										
12										
13										
14										
15										
16										
17										
18										
19										
20										
21										
22										
23										
24										
25										
26										
27										
28										
29										
30										
31										
32										
				Totaux						

Répartition des recettes par taux de TVA	..........%	..........%	..........%

Solde précédent	Recettes	Dépenses	Nouveau solde

Fonds de Caisse	
Espèces	
Chèques	
Cartes	

Livre de caisse en Euros (€)

Période : ....

	Date	Référence de la pièce	Libellé	Imputation	Recettes		Dépenses		TVA	
1										
2										
3										
4										
5										
6										
7										
8										
9										
10										
11										
12										
13										
14										
15										
16										
17										
18										
19										
20										
21										
22										
23										
24										
25										
26										
27										
28										
29										
30										
31										
32										
				Totaux						

Répartition des recettes par taux de TVA	..........%	..........%	..........%

Solde précédent	Recettes	Dépenses	Nouveau solde

Fonds de Caisse	
Espèces	
Chèques	
Cartes	

Livre de caisse en Euros (€) **Période : ....**

	Date	Référence de la pièce	Libellé	Imputation	Recettes		Dépenses		TVA	
1										
2										
3										
4										
5										
6										
7										
8										
9										
10										
11										
12										
13										
14										
15										
16										
17										
18										
19										
20										
21										
22										
23										
24										
25										
26										
27										
28										
29										
30										
31										
32										
				Totaux						

Répartition des recettes par taux de TVA	..........%	..........%	..........%

Solde précédent	Recettes	Dépenses	Nouveau solde

Fonds de Caisse	
Espèces	
Chèques	
Cartes	

Livre de caisse en Euros (€)

Période : ....

	Date	Référence de la pièce	Libellé	Imputation	Recettes		Dépenses		TVA	
1										
2										
3										
4										
5										
6										
7										
8										
9										
10										
11										
12										
13										
14										
15										
16										
17										
18										
19										
20										
21										
22										
23										
24										
25										
26										
27										
28										
29										
30										
31										
32										
				Totaux						

Répartition des recettes par taux de TVA	..........%	..........%	..........%

Solde précédent	Recettes	Dépenses	Nouveau solde

Fonds de Caisse	
Espèces	
Chèques	
Cartes	

Livre de caisse en Euros (€) **Période : ....**

	Date	Référence de la pièce	Libellé	Imputation	Recettes		Dépenses		TVA	
1										
2										
3										
4										
5										
6										
7										
8										
9										
10										
11										
12										
13										
14										
15										
16										
17										
18										
19										
20										
21										
22										
23										
24										
25										
26										
27										
28										
29										
30										
31										
32										
				Totaux						

Répartition des recettes par taux de TVA	..........%	..........%	..........%

Solde précédent	**Recettes**	**Dépenses**	**Nouveau solde**

Fonds de Caisse	
Espèces	
Chèques	
Cartes	

Livre de caisse en Euros (€) **Période : ....**

	Date	Référence de la pièce	Libellé	Imputation	Recettes		Dépenses		TVA	
1										
2										
3										
4										
5										
6										
7										
8										
9										
10										
11										
12										
13										
14										
15										
16										
17										
18										
19										
20										
21										
22										
23										
24										
25										
26										
27										
28										
29										
30										
31										
32										
				Totaux						

Répartition des recettes par taux de TVA	..........%	..........%	..........%

Solde précédent	**Recettes**	**Dépenses**	**Nouveau solde**

Fonds de Caisse	
Espèces	
Chèques	
Cartes	

Livre de caisse en Euros (€) **Période : ....**

	Date	Référence de la pièce	Libellé	Imputation	Recettes		Dépenses		TVA	
1										
2										
3										
4										
5										
6										
7										
8										
9										
10										
11										
12										
13										
14										
15										
16										
17										
18										
19										
20										
21										
22										
23										
24										
25										
26										
27										
28										
29										
30										
31										
32										
				Totaux						

Répartition des recettes par taux de TVA	..........%	..........%	..........%

Solde précédent	Recettes	Dépenses	Nouveau solde

Fonds de Caisse	
Espèces	
Chèques	
Cartes	

Livre de caisse en Euros (€) **Période : ....**

	Date	Référence de la pièce	Libellé	Imputation	Recettes		Dépenses		TVA	
1										
2										
3										
4										
5										
6										
7										
8										
9										
10										
11										
12										
13										
14										
15										
16										
17										
18										
19										
20										
21										
22										
23										
24										
25										
26										
27										
28										
29										
30										
31										
32										
				Totaux						

Répartition des recettes par taux de TVA	..........%	..........%	..........%

Solde précédent	Recettes	Dépenses	Nouveau solde

Fonds de Caisse	
Espèces	
Chèques	
Cartes	

Livre de caisse en Euros (€) **Période : ....**

	Date	Référence de la pièce	Libellé	Imputation	Recettes		Dépenses		TVA	
1										
2										
3										
4										
5										
6										
7										
8										
9										
10										
11										
12										
13										
14										
15										
16										
17										
18										
19										
20										
21										
22										
23										
24										
25										
26										
27										
28										
29										
30										
31										
32										
				Totaux						

Répartition des recettes par taux de TVA	..........%	..........%	..........%

Solde précédent	Recettes	Dépenses	Nouveau solde

Fonds de Caisse	
Espèces	
Chèques	
Cartes	

Livre de caisse en Euros (€)

Période : ....

	Date	Référence de la pièce	Libellé	Imputation	Recettes		Dépenses		TVA	
1										
2										
3										
4										
5										
6										
7										
8										
9										
10										
11										
12										
13										
14										
15										
16										
17										
18										
19										
20										
21										
22										
23										
24										
25										
26										
27										
28										
29										
30										
31										
32										
				Totaux						

Répartition des recettes par taux de TVA	..........%	..........%	..........%

Solde précédent	Recettes	Dépenses	Nouveau solde

Fonds de Caisse	
Espèces	
Chèques	
Cartes	

Livre de caisse en Euros (€) **Période : ....**

	Date	Référence de la pièce	Libellé	Imputation	Recettes		Dépenses		TVA	
1										
2										
3										
4										
5										
6										
7										
8										
9										
10										
11										
12										
13										
14										
15										
16										
17										
18										
19										
20										
21										
22										
23										
24										
25										
26										
27										
28										
29										
30										
31										
32										
				Totaux						

Répartition des recettes par taux de TVA	..........%	..........%	..........%

Solde précédent	Recettes	Dépenses	Nouveau solde

Fonds de Caisse	
Espèces	
Chèques	
Cartes	

Livre de caisse en Euros (€)

Période : ....

	Date	Référence de la pièce	Libellé	Imputation	Recettes		Dépenses		TVA	
1										
2										
3										
4										
5										
6										
7										
8										
9										
10										
11										
12										
13										
14										
15										
16										
17										
18										
19										
20										
21										
22										
23										
24										
25										
26										
27										
28										
29										
30										
31										
32										
				Totaux						

Répartition des recettes par taux de TVA	..........%	..........%	..........%

Fonds de Caisse	
Espèces	
Chèques	
Cartes	

Solde précédent	Recettes	Dépenses	Nouveau solde

	Date	Référence de la pièce	Libellé	Imputation	Recettes		Dépenses		TVA	
1										
2										
3										
4										
5										
6										
7										
8										
9										
10										
11										
12										
13										
14										
15										
16										
17										
18										
19										
20										
21										
22										
23										
24										
25										
26										
27										
28										
29										
30										
31										
32										
				Totaux						

Répartition des recettes par taux de TVA	..........%	..........%	..........%

Fonds de Caisse	
Espèces	
Chèques	
Cartes	

Solde précédent	Recettes	Dépenses	Nouveau solde

Livre de caisse en Euros (€) Période : ....

	Date	Référence de la pièce	Libellé	Imputation	Recettes		Dépenses		TVA	
1										
2										
3										
4										
5										
6										
7										
8										
9										
10										
11										
12										
13										
14										
15										
16										
17										
18										
19										
20										
21										
22										
23										
24										
25										
26										
27										
28										
29										
30										
31										
32										
				Totaux						

Répartition des recettes par taux de TVA	..........%	..........%	..........%

Solde précédent	Recettes	Dépenses	Nouveau solde

Fonds de Caisse	
Espèces	
Chèques	
Cartes	

Livre de caisse en Euros (€) **Période : ....**

	Date	Référence de la pièce	Libellé	Imputation	Recettes		Dépenses		TVA	
1										
2										
3										
4										
5										
6										
7										
8										
9										
10										
11										
12										
13										
14										
15										
16										
17										
18										
19										
20										
21										
22										
23										
24										
25										
26										
27										
28										
29										
30										
31										
32										
				Totaux						

Répartition des recettes par taux de TVA	..........%	..........%	..........%

Solde précédent	Recettes	Dépenses	Nouveau solde

Fonds de Caisse	
Espèces	
Chèques	
Cartes	

Livre de caisse en Euros (€) **Période : ....**

	Date	Référence de la pièce	Libellé	Imputation	Recettes		Dépenses		TVA	
1										
2										
3										
4										
5										
6										
7										
8										
9										
10										
11										
12										
13										
14										
15										
16										
17										
18										
19										
20										
21										
22										
23										
24										
25										
26										
27										
28										
29										
30										
31										
32										
				Totaux						

Répartition des recettes par taux de TVA	..........%	..........%	..........%

Solde précédent	Recettes	Dépenses	Nouveau solde

Fonds de Caisse	
Espèces	
Chèques	
Cartes	

Livre de caisse en Euros (€) **Période : ....**

	Date	Référence de la pièce	Libellé	Imputation	Recettes		Dépenses		TVA	
1										
2										
3										
4										
5										
6										
7										
8										
9										
10										
11										
12										
13										
14										
15										
16										
17										
18										
19										
20										
21										
22										
23										
24										
25										
26										
27										
28										
29										
30										
31										
32										
				Totaux						

Répartition des recettes par taux de TVA	..........%	..........%	..........%

Solde précédent	Recettes	Dépenses	Nouveau solde

Fonds de Caisse	
Espèces	
Chèques	
Cartes	

Livre de caisse en Euros (€) **Période : ....**

	Date	Référence de la pièce	Libellé	Imputation	Recettes		Dépenses		TVA	
1										
2										
3										
4										
5										
6										
7										
8										
9										
10										
11										
12										
13										
14										
15										
16										
17										
18										
19										
20										
21										
22										
23										
24										
25										
26										
27										
28										
29										
30										
31										
32										
				Totaux						

Répartition des recettes par taux de TVA	..........%	..........%	..........%

Solde précédent	**Recettes**	**Dépenses**	**Nouveau solde**

Fonds de Caisse	
Espèces	
Chèques	
Cartes	

Livre de caisse en Euros (€) **Période : ....**

	Date	Référence de la pièce	Libellé	Imputation	Recettes		Dépenses		TVA	
1										
2										
3										
4										
5										
6										
7										
8										
9										
10										
11										
12										
13										
14										
15										
16										
17										
18										
19										
20										
21										
22										
23										
24										
25										
26										
27										
28										
29										
30										
31										
32										
				Totaux						

Répartition des recettes par taux de TVA	..........%	..........%	..........%

Solde précédent	Recettes	Dépenses	Nouveau solde

Fonds de Caisse	
Espèces	
Chèques	
Cartes	

Livre de caisse en Euros (€) **Période : ....**

	Date	Référence de la pièce	Libellé	Imputation	Recettes		Dépenses		TVA	
1										
2										
3										
4										
5										
6										
7										
8										
9										
10										
11										
12										
13										
14										
15										
16										
17										
18										
19										
20										
21										
22										
23										
24										
25										
26										
27										
28										
29										
30										
31										
32										
				Totaux						

Répartition des recettes par taux de TVA	..........%	..........%	..........%

Solde précédent	Recettes	Dépenses	Nouveau solde

Fonds de Caisse	
Espèces	
Chèques	
Cartes	

Livre de caisse en Euros (€) **Période : ....**

	Date	Référence de la pièce	Libellé	Imputation	Recettes		Dépenses		TVA	
1										
2										
3										
4										
5										
6										
7										
8										
9										
10										
11										
12										
13										
14										
15										
16										
17										
18										
19										
20										
21										
22										
23										
24										
25										
26										
27										
28										
29										
30										
31										
32										
				Totaux						

Répartition des recettes par taux de TVA	..........%	..........%	..........%

Solde précédent	**Recettes**	**Dépenses**	**Nouveau solde**

Fonds de Caisse	
Espèces	
Chèques	
Cartes	

Livre de caisse en Euros (€) **Période : ....**

	Date	Référence de la pièce	Libellé	Imputation	Recettes		Dépenses		TVA	
1										
2										
3										
4										
5										
6										
7										
8										
9										
10										
11										
12										
13										
14										
15										
16										
17										
18										
19										
20										
21										
22										
23										
24										
25										
26										
27										
28										
29										
30										
31										
32										
				Totaux						

Répartition des recettes par taux de TVA	..........%	..........%	..........%

Solde précédent	**Recettes**	**Dépenses**	**Nouveau solde**

Fonds de Caisse	
Espèces	
Chèques	
Cartes	

Livre de caisse en Euros (€) **Période : ....**

	Date	Référence de la pièce	Libellé	Imputation	Recettes		Dépenses		TVA	
1										
2										
3										
4										
5										
6										
7										
8										
9										
10										
11										
12										
13										
14										
15										
16										
17										
18										
19										
20										
21										
22										
23										
24										
25										
26										
27										
28										
29										
30										
31										
32										
				Totaux						

Répartition des recettes par taux de TVA	..........%	..........%	..........%

Solde précédent	Recettes	Dépenses	Nouveau solde

Fonds de Caisse	
Espèces	
Chèques	
Cartes	

Livre de caisse en Euros (€) **Période : ....**

	Date	Référence de la pièce	Libellé	Imputation	Recettes		Dépenses		TVA	
1										
2										
3										
4										
5										
6										
7										
8										
9										
10										
11										
12										
13										
14										
15										
16										
17										
18										
19										
20										
21										
22										
23										
24										
25										
26										
27										
28										
29										
30										
31										
32										
				Totaux						

Répartition des recettes par taux de TVA	..........%	..........%	..........%

Solde précédent	Recettes	Dépenses	Nouveau solde

Fonds de Caisse	
Espèces	
Chèques	
Cartes	

Livre de caisse en Euros (€) **Période : ....**

	Date	Référence de la pièce	Libellé	Imputation	Recettes		Dépenses		TVA	
1										
2										
3										
4										
5										
6										
7										
8										
9										
10										
11										
12										
13										
14										
15										
16										
17										
18										
19										
20										
21										
22										
23										
24										
25										
26										
27										
28										
29										
30										
31										
32										
				Totaux						

Répartition des recettes par taux de TVA	..........%	..........%	..........%

Solde précédent	Recettes	Dépenses	Nouveau solde

Fonds de Caisse	
Espèces	
Chèques	
Cartes	

Livre de caisse en Euros (€) **Période : ....**

	Date	Référence de la pièce	Libellé	Imputation	Recettes		Dépenses		TVA	
1										
2										
3										
4										
5										
6										
7										
8										
9										
10										
11										
12										
13										
14										
15										
16										
17										
18										
19										
20										
21										
22										
23										
24										
25										
26										
27										
28										
29										
30										
31										
32										
				Totaux						

Répartition des recettes par taux de TVA	..........%	..........%	..........%

Solde précédent	Recettes	Dépenses	Nouveau solde

Fonds de Caisse	
Espèces	
Chèques	
Cartes	

Livre de caisse en Euros (€) **Période : ....**

	Date	Référence de la pièce	Libellé	Imputation	Recettes		Dépenses		TVA	
1										
2										
3										
4										
5										
6										
7										
8										
9										
10										
11										
12										
13										
14										
15										
16										
17										
18										
19										
20										
21										
22										
23										
24										
25										
26										
27										
28										
29										
30										
31										
32										
				Totaux						

Répartition des recettes par taux de TVA	..........%	..........%	..........%

Solde précédent	**Recettes**	**Dépenses**	**Nouveau solde**

Fonds de Caisse	
Espèces	
Chèques	
Cartes	

Livre de caisse en Euros (€) **Période : ....**

	Date	Référence de la pièce	Libellé	Imputation	Recettes		Dépenses		TVA	
1										
2										
3										
4										
5										
6										
7										
8										
9										
10										
11										
12										
13										
14										
15										
16										
17										
18										
19										
20										
21										
22										
23										
24										
25										
26										
27										
28										
29										
30										
31										
32										
				Totaux						

Répartition des recettes par taux de TVA	.........%	.........%	.........%

Solde précédent	**Recettes**	**Dépenses**	**Nouveau solde**

Fonds de Caisse	
Espèces	
Chèques	
Cartes	

Livre de caisse en Euros (€) **Période : ....**

	Date	Référence de la pièce	Libellé	Imputation	Recettes		Dépenses		TVA	
1										
2										
3										
4										
5										
6										
7										
8										
9										
10										
11										
12										
13										
14										
15										
16										
17										
18										
19										
20										
21										
22										
23										
24										
25										
26										
27										
28										
29										
30										
31										
32										
				Totaux						

Répartition des recettes par taux de TVA	..........%	..........%	..........%

Solde précédent	Recettes	Dépenses	Nouveau solde

Fonds de Caisse	
Espèces	
Chèques	
Cartes	

Livre de caisse en Euros (€) **Période : ....**

	Date	Référence de la pièce	Libellé	Imputation	Recettes		Dépenses		TVA	
1										
2										
3										
4										
5										
6										
7										
8										
9										
10										
11										
12										
13										
14										
15										
16										
17										
18										
19										
20										
21										
22										
23										
24										
25										
26										
27										
28										
29										
30										
31										
32										
				Totaux						

Répartition des recettes par taux de TVA	..........%	..........%	..........%

Solde précédent	Recettes	Dépenses	Nouveau solde

Fonds de Caisse	
Espèces	
Chèques	
Cartes	

Livre de caisse en Euros (€) **Période : ....**

	Date	Référence de la pièce	Libellé	Imputation	Recettes		Dépenses		TVA	
1										
2										
3										
4										
5										
6										
7										
8										
9										
10										
11										
12										
13										
14										
15										
16										
17										
18										
19										
20										
21										
22										
23										
24										
25										
26										
27										
28										
29										
30										
31										
32										
				Totaux						

Répartition des recettes par taux de TVA	..........%	..........%	..........%

Solde précédent	Recettes	Dépenses	Nouveau solde

Fonds de Caisse	
Espèces	
Chèques	
Cartes	

	Date	Référence de la pièce	Libellé	Imputation	Recettes		Dépenses		TVA	
1										
2										
3										
4										
5										
6										
7										
8										
9										
10										
11										
12										
13										
14										
15										
16										
17										
18										
19										
20										
21										
22										
23										
24										
25										
26										
27										
28										
29										
30										
31										
32										
				Totaux						

Répartition des recettes par taux de TVA	..........%	..........%	..........%

Solde précédent	Recettes	Dépenses	Nouveau solde

Fonds de Caisse	
Espèces	
Chèques	
Cartes	

Livre de caisse en Euros (€) **Période : ....**

	Date	Référence de la pièce	Libellé	Imputation	Recettes		Dépenses		TVA	
1										
2										
3										
4										
5										
6										
7										
8										
9										
10										
11										
12										
13										
14										
15										
16										
17										
18										
19										
20										
21										
22										
23										
24										
25										
26										
27										
28										
29										
30										
31										
32										
				Totaux						

Répartition des recettes par taux de TVA	..........%	..........%	..........%

Solde précédent	**Recettes**	**Dépenses**	**Nouveau solde**

Fonds de Caisse	
Espèces	
Chèques	
Cartes	

Livre de caisse en Euros (€) **Période : ....**

	Date	Référence de la pièce	Libellé	Imputation	Recettes		Dépenses		TVA	
1										
2										
3										
4										
5										
6										
7										
8										
9										
10										
11										
12										
13										
14										
15										
16										
17										
18										
19										
20										
21										
22										
23										
24										
25										
26										
27										
28										
29										
30										
31										
32										
				Totaux						

Répartition des recettes par taux de TVA	..........%	..........%	..........%

Solde précédent	Recettes	Dépenses	Nouveau solde

Fonds de Caisse	
Espèces	
Chèques	
Cartes	

Livre de caisse en Euros (€) **Période : ....**

	Date	Référence de la pièce	Libellé	Imputation	Recettes		Dépenses		TVA	
1										
2										
3										
4										
5										
6										
7										
8										
9										
10										
11										
12										
13										
14										
15										
16										
17										
18										
19										
20										
21										
22										
23										
24										
25										
26										
27										
28										
29										
30										
31										
32										
				Totaux						

Répartition des recettes par taux de TVA	..........%	..........%	..........%

Solde précédent	Recettes	Dépenses	Nouveau solde

Fonds de Caisse	
Espèces	
Chèques	
Cartes	

Livre de caisse en Euros (€) **Période : ....**

	Date	Référence de la pièce	Libellé	Imputation	Recettes		Dépenses		TVA	
1										
2										
3										
4										
5										
6										
7										
8										
9										
10										
11										
12										
13										
14										
15										
16										
17										
18										
19										
20										
21										
22										
23										
24										
25										
26										
27										
28										
29										
30										
31										
32										
				Totaux						

Répartition des recettes par taux de TVA	..........%	..........%	..........%

Solde précédent	Recettes	Dépenses	Nouveau solde

Fonds de Caisse	
Espèces	
Chèques	
Cartes	

Livre de caisse en Euros (€) **Période : ....**

	Date	Référence de la pièce	Libellé	Imputation	Recettes		Dépenses		TVA	
1										
2										
3										
4										
5										
6										
7										
8										
9										
10										
11										
12										
13										
14										
15										
16										
17										
18										
19										
20										
21										
22										
23										
24										
25										
26										
27										
28										
29										
30										
31										
32										
				Totaux						

Répartition des recettes par taux de TVA	..........%	..........%	..........%

Solde précédent	**Recettes**	**Dépenses**	**Nouveau solde**

Fonds de Caisse	
Espèces	
Chèques	
Cartes	

Livre de caisse en Euros (€) **Période : ....**

	Date	Référence de la pièce	Libellé	Imputation	Recettes		Dépenses		TVA	
1										
2										
3										
4										
5										
6										
7										
8										
9										
10										
11										
12										
13										
14										
15										
16										
17										
18										
19										
20										
21										
22										
23										
24										
25										
26										
27										
28										
29										
30										
31										
32										
				Totaux						

Répartition des recettes par taux de TVA	..........%	..........%	..........%

Solde précédent	Recettes	Dépenses	Nouveau solde

Fonds de Caisse	
Espèces	
Chèques	
Cartes	

Livre de caisse en Euros (€)

Période : ....

	Date	Référence de la pièce	Libellé	Imputation	Recettes		Dépenses		TVA	
1										
2										
3										
4										
5										
6										
7										
8										
9										
10										
11										
12										
13										
14										
15										
16										
17										
18										
19										
20										
21										
22										
23										
24										
25										
26										
27										
28										
29										
30										
31										
32										
				Totaux						

Répartition des recettes par taux de TVA	..........%	..........%	..........%

Solde précédent	Recettes	Dépenses	Nouveau solde

Fonds de Caisse	
Espèces	
Chèques	
Cartes	

	Date	Référence de la pièce	Libellé	Imputation	Recettes		Dépenses		TVA	
1										
2										
3										
4										
5										
6										
7										
8										
9										
10										
11										
12										
13										
14										
15										
16										
17										
18										
19										
20										
21										
22										
23										
24										
25										
26										
27										
28										
29										
30										
31										
32										
				Totaux						

Répartition des recettes par taux de TVA	..........%	..........%	..........%

Solde précédent	Recettes	Dépenses	Nouveau solde

Fonds de Caisse	
Espèces	
Chèques	
Cartes	

Livre de caisse en Euros (€) **Période : ....**

	Date	Référence de la pièce	Libellé	Imputation	Recettes		Dépenses		TVA	
1										
2										
3										
4										
5										
6										
7										
8										
9										
10										
11										
12										
13										
14										
15										
16										
17										
18										
19										
20										
21										
22										
23										
24										
25										
26										
27										
28										
29										
30										
31										
32										
				Totaux						

Répartition des recettes par taux de TVA	..........%	..........%	..........%

Solde précédent	**Recettes**	**Dépenses**	**Nouveau solde**

Fonds de Caisse	
Espèces	
Chèques	
Cartes	

Livre de caisse en Euros (€) **Période : ....**

	Date	Référence de la pièce	Libellé	Imputation	Recettes		Dépenses		TVA	
1										
2										
3										
4										
5										
6										
7										
8										
9										
10										
11										
12										
13										
14										
15										
16										
17										
18										
19										
20										
21										
22										
23										
24										
25										
26										
27										
28										
29										
30										
31										
32										
				Totaux						

Répartition des recettes par taux de TVA	..........%	..........%	..........%

Solde précédent	Recettes	Dépenses	Nouveau solde

Fonds de Caisse	
Espèces	
Chèques	
Cartes	

Livre de caisse en Euros (€) **Période : ....**

	Date	Référence de la pièce	Libellé	Imputation	Recettes		Dépenses		TVA	
1										
2										
3										
4										
5										
6										
7										
8										
9										
10										
11										
12										
13										
14										
15										
16										
17										
18										
19										
20										
21										
22										
23										
24										
25										
26										
27										
28										
29										
30										
31										
32										
				Totaux						

Répartition des recettes par taux de TVA	..........%	..........%	..........%

Solde précédent	Recettes	Dépenses	Nouveau solde

Fonds de Caisse	
Espèces	
Chèques	
Cartes	

Livre de caisse en Euros (€) **Période : ....**

	Date	Référence de la pièce	Libellé	Imputation	Recettes		Dépenses		TVA	
1										
2										
3										
4										
5										
6										
7										
8										
9										
10										
11										
12										
13										
14										
15										
16										
17										
18										
19										
20										
21										
22										
23										
24										
25										
26										
27										
28										
29										
30										
31										
32										
				Totaux						

Répartition des recettes par taux de TVA	..........%	..........%	..........%

Solde précédent	Recettes	Dépenses	Nouveau solde

Fonds de Caisse	
Espèces	
Chèques	
Cartes	

www.ingramcontent.com/pod-product-compliance
Lightning Source LLC
Chambersburg PA
CBHW080720190526
45169CB00006B/2450
* 9 7 8 1 5 3 0 2 9 1 8 5 4 *